AUCASSIN
ET
NICOLETTE,
OU
LES MŒURS
DU BON VIEUX TEMS,
COMÉDIE

REMISE EN TROIS ACTES ET EN VERS,

Dont une partie eſt en Muſique ;

Repréſentée, pour la premiere fois, devant
LEURS MAJESTÉS à Verſailles,
le 30 Décembre 1779, par les Comédiens
Italiens Ordinaires du Roi, & à Paris,
le 3 Janv. 1780, & repriſe le 7 Janv. 1782.

Le Drame eſt de M. SEDAINE.
La Muſique de M. GRETRY.

A PARIS,

Chez BRUNET, Libraire, rue Mauconſeil,
à côté de la Comédie Italienne.

M. DCC. LXXXII.

ACTEURS.

AUCASSIN,	M. Clairval.
GARINS, *Comte de* BEAUCAIRE,	M. Narbonne.
BONGARS, *Comte de* VALENCE,	M. Suin.
LE VICOMTE DE BEAUCAIRE,	M. Rosiere.
UN PATRE,	M. Trial.
OFFICIERS *du Comte de* BEAUCAIRE,	Mrs. Favart. Philippe. Chevalier.
SOLDATS *gardant les Tours*,	Mrs. Thomaffin, Dufrenoy.
NICOLETTE,	Mlle. Dugazon.

Suite du Comte de BEAUCAIRE,
Suite du Comte de VALENCE.

La Scene se passe à Beaucaire, dans le Château du Comte.

AUCASSIN

ET

NICOLETTE,

OU

LES MŒURS

DU BON VIEUX TEMS,

COMÉDIE.

ACTE PREMIER.

Le Théâtre repréſente la Salle des Gardes de Sire Garins, Comte de Beaucaire.

L'ouverture eſt un bruit de Guerre.

SCENE PREMIERE.

AUCASSIN, LE COMTE DE GARINS.

DUO.

AUCASSIN.

Nicolette, ma Nicolette,
Non, jamais je ne t'oublierai.

A ij

Le Comte DE GARINS.

Aucaffin entends-tu le fon de la trompette ?
Mon cher fils elle te répette
Vole & combats.

AUCASSIN.

Non , non , pour elle je mourrai,
Nicolette , ma Nicolette ,
Non, jamais je ne t'oublierai.

Le Comte DE GARINS.

Défends tes biens , défends ta gloire ,
C'eft à toi qu'il convient de fixer la victoire?
C'eft à toi qu'il convient de cueillir des lauriers.

AUCASSIN.

Peu m'importent mes biens , & mon nom, & ma gloire;
Je ne voudrois obtenir la victoire
Que pour mettre à fes pieds
Vos ennemis & mes lauriers.

SCENE II.

LE COMTE DE GARINS, AUCASSIN, UN SOLDAT.

LE SOLDAT.

SEIGNEUR, tout est perdu, si le plus prompt secours
Ne vient défendre la muraille.
L'ennemi marche en ordre de bataille,
Les échelles déja s'appliquent sur les tours,
A les escalader une troupe s'apprête;
L'épée en main, le regard furieux,
Le Comte de Bongars lui - même est à leur tête;
C'est envain qu'on leur lance & des dards, & des pieux,
Rien, Seigneur, rien ne les arrête;
Tout effort ne les rend que plus audacieux.

Le Comte DE GARINS.

Quoi mon fils? Quoi tu peux entendre
Le récit effrayant d'un assaut désastreux!
Et tu ne cours pas nous défendre?
Contre qui? contre un traître, un perfide voisin
Dont la fureur vient tout détruire;
Et quelle est la raison qui le rend inhumain?
Il me refuse de la dire;
Ah! si mon bras par l'âge désarmé

A iij

Pouvoit encor foutenir une lance,
Que j'aurois bientôt reprimé
De ce fier ennemi la cruelle infolence !
Il affiége Beaucaire, il ravage nos champs ;
Tu l'entends, mon fils, tu l'entends,
Et tu ne prends pas ma défenfe ?

AUCASSIN.

Mon pere que le ciel infenfible à mes vœux,
Rejette à jamais ma priere,
Si comme Chevalier je leve la banniere,
Si je brave jamais & le fer & les feux,
Si je parois jamais, dans l'illuftre carriere
Qui vous a vu briller, & vous, & nos ayeux,
A moins que vos bontés n'accordent à mes vœux
Celle à qui j'ai donné mon ame toute entiere,
L'objet qui feul pourroit me rendre heureux ;
Nicolette, ma douce amie,
Toujours belle, toujours chérie.

Le Comte DE GARINS.

Jamais je ne l'accorderai :
J'aimerois mieux perdre la vie.

SCENE III.

Le Comte de GARINS, AUCASSIN, un SOLDAT.

LE SOLDAT.

AH ! Monseigneur, tout est défespéré ;
Nous ne pouvons foutenir leur furie,
Avant deux heures au plus tard,
Ils feront maîtres du rempart ;
Leur Chef s'eft avancé, le cruel vous défie
Et votre fils, & vous.

Le Comte DE GARINS.

Allons, allons mourir.

AUCASSIN.

Mourir ! mourir ! mon pere, écoutez-moi, mon
pere,
Quoi votre mort ! ô ciel !

Le Comte DE GARINS.

Que faut-il que j'efpere ?

AUCASSIN.

Je vais, je vais les fecourir,
A l'ennemi je vais m'offrir,
Et vous venger d'une infulte cruelle;
Mais puifqu'il faut céder au devoir qui m'appelle,
Promettez-moi, (la grace eft peu pour votre hon-
neur,

Mais elle est tout pour moi,) promettez-moi, mon
pere ,
Que si le ciel, en ce combât prospere,
Me ramene à vos pieds vainqueur,
Vous me laisserez voir la Beauté qui m'est chere
Un instant seulement, un instant, c'est si peu,
Je ne veux seulement , & dans ce même lieu ,
Que la voir, l'embrasser , & que lui dire adieu.
Jusqu'à me refuser seriez-vous donc severe?

Le Comte DE GARINS.

Non.

AUCASSIN.

Vous le promettez ?

Le Comte DE GARINS.

Oui , je te le promets.

AUCASSIN.

Ah que le ciel m'accorde un plein succès!

ARIETTE.

(Pendant la ritournelle, il met son casque.)

Allez, qu'on apporte mes armés,
Accourez, mes amis, Aucassin est Vainqueur,
Chassez la crainte & les alarmes,
Amenez mon coursier : qu'on apporte mes armes,
Répondez tous à mon ardeur,
Je la verrai, je verrai ce que j'aime,
Sa douce voix consolera mon cœur,
Et dans ses yeux ; mon bien suprême,
Je vais jouir d'un instant de bonheur,

Allons, partons, & quittons ces murailles;
A l'ennemi faisons sentir nos coups,
C'est hors des murs qu'on donne les batailles,
Suivez-moi ; suivez-moi, la victoire est à nous.

Le Comte DE GARINS.

Voilà, mon fils , le parti qu'il faut suivre ;
Etre de ses sujets le secours & l'appui,
Mais quel pouvoir a-t-elle donc sur lui !
Si j'en crois les excès où son amour le livre.

SCENE IV.

LE COMTE DE GARINS.

ARIETTE.

Fils insensé !
As-tu pensé
Que j'approuverois ta tendresse ?
Crois-tu mon cœur
Privé d'honneur
Au point de flatter ton ivresse ?

Quoi ! ce que ne peut obtenir ,
L'aspect même de ma détresse,
Ma priere , le souvenir
De tes ayeux, de ta noblesse,
Un pere hélas ! prêt à mourir
Tu le fais pour une Maîtresse.
Non , non, tu ne la verras plus ,
Je t'ai promis , mais quel abus!
De s'asservir à la promesse
Dont l'honneur prescrit le refus;
Non , non , tu ne la verras plus.

SCENE V.

LE Comte de GARINS, LE VICOMTE.

Le Comte de GARINS.

Faites venir ici le Vicomte, ah! c'eſt vous
Vicomte, inſtruiſez-moi ; ne pouvez-vous me dire
Quel eſt ce bel objet qui nous chagrine tous ?
Et qui prend ſur mon fils un ſi puiſſant empire,
On dit que c'eſt par vous , & dans votre maiſon
Que Nicolette fut dès l'enfance élevée.

LE VICOMTE.

Bien avant l'âge de raiſon,
Elle y fut , par ma femme , avec ſoin conſervée,
Juſqu'à ſa mort.

Le Comte de GARINS.

Et ſavez-vous le nom
De ſes parens, de ſa famille ?

LE VICOMTE.

Non ,
Car ma femme eut l'imprudence
De taire le ſecret qui cache ſa naiſſance.

Le Comte de GARINS.

Et vous ne ſavez ce qu'elle eſt ?

LE VICOMTE.

Non, je ſais ſeulement qu'autrefois la Comteſſe

Votre époufe, Seigneur, y prenoit intérêt,
    Et lui marquoit la plus vive tendreffe.

Le Comte DE GARINS.

Et vers aucun foupçon votre efprit n'eft porté
    Sur les parens de cette Nicolette.

LE VICOMTE.

Dans le tems, un bruit fourd, une rumeur fecrette
Répandoit, qu'elle étoit, à n'en pouvoir douter,
D'un fang noble, & d'un rang qu'il falloit refpecter;
Mais quelqu'un affirmoit avoir vu l'acheter
        D'une Étrangere errante & vagabonde;
        Qui s'en alloit courant le monde,
En s'offrant à chacun pour dire dans la main
        Le bon ou le mauvais deftin.

Le Comte DE GARINS.

Ah! c'eft cela, fans doute; allez, qu'on me l'amene,
    Je fuis bien bon de prendre tant de peine,
Et de ne pas chaffer ce qui fait mes tourmens.

LE VICOMTE.

AIR.

Simple, naïve & joliette,
Nicolette eft la fleur des champs,
Les Lys vous paroîtroient moins blancs,
Si vous regardiez Nicolette,
Qui la vit, toujours la regrette;
Son regard eft fi féduifant,
Qu'un vieillard même iroit difant:
Le joli péché d'amourette.

Le Comte DE GARINS.
Parbleu, vous êtes bien plaisant,
Vicomte, avec cette louange,
Et je vous trouve bien étrange
D'en faire un éloge si grand.

SCENE VI.

Le Comte DE GARINS, LE VICOMTE,
NICOLETTE.

Le Comte DE GARINS.

Il a raison, elle est vraiment jolie,
Approchez, c'est donc vous qui séduisez mon fils,
Et dont le cœur se met au plus haut prix ;
Je vous ferois mourir si c'étoit votre envie
Qu'il fit pour vous quelque folie.
Parlez, parlez, comment l'avez-vous vu ?
Que vous dit-il ? Qu'avez-vous répondu ?
Le lieu, l'instant, quelles sont ses promesses,
Ses discours, ses propos, ses douceurs, ses caresses?
Répondez, répondez ; car je veux tout savoir.

LE VICOMTE.

Seigneur, votre courroux lui ravit le pouvoir
De s'énoncer, répondez, Nicolette.

NICOLETTE.

Je le desire.

LE VICOMTE.

Eh bien, me direz-vous tout?

NICOLETTE.

Oui.

LE VICOMTE.

Que dit Sire Aucaffin en vous contant fleurette?

NICOLETTE.

Qu'il m'aime.

LE VICOMTE.

Et vous alors?

NICOLETTE.

Moi! que je l'aime auffi.

Le Comte DE GARINS, *à part.*

Infolente!

LE VICOMTE.

Ah! Seigneur, un moment fans colere;
Il faut l'interroger, & fi vous permettez....

Le Comte DE GARINS.

Non, non; laiffez-moi dire, écoutez, écoutez;
Quand vous verrez mon fils, il faudra lui déplaire.
Et lui dire d'un ton févere

Que vous ne l'aimez plus, qu'il cherche un autre
objet,
Que vous le quittez fans regret.

NICOLETTE.

En vain ma bouche le diroit,
Dans mes regards, Seigneur, il liroit le contraire,
Et ne me croiroit pas.

Le Comte de Garins.

Comment donc imprudente;
Quel espoir vous séduit? quel est donc votre
attente?

NICOLETTE.

Seigneur, je suis au désespoir
De la peine que je vous cause,
Otez-moi pour jamais les moyens de le voir.

Le Vicomte.

En acceptant ce qu'elle vous propose
C'est leur enlever tout espoir.

NICOLETTE.

Air.

Au fond d'une sainte retraite,
Mettez la triste Nicolette,
Là dans les pleurs,
Dans les douleurs;
Là dans les larmes,
Je gémirai de mon malheur;
Mais au moins j'aurai la douceur
De faire cesser vos alarmes,
J'y prierai le ciel pour vos jours,
Et pour les siens;... Ah! qu'il m'oublie;
Et que sa vie
Soit consacrée à des amours,
Que la naissance justifie.

(*Elle se jette à genoux.*)

Au fond d'une sainte retraite, &c.

Le Comte DE GARINS.

Elle m'attendrit, levez-vous;
Je ne sais si c'est par magie,
Ou par son ton & son air doux,
Mais j'ai presque pleuré,

_____

SCENE VII.

LE COMTE DE GARINS, LE VICOMTE, NICOLETTE, UN SOLDAT.

LE SOLDAT.

Grande, grande victoire,
Sire Aucaſſin, Seigneur, est un second Rolland,
Et le combat le plus brillant,
En ce jour le couvre de gloire;
Sans attendre qu'il soit suivi,
Du grand portail il fait lever la herse,
Presque seul il s'échappe, il part, frappe, renverse,
On ne sauroit nombrer tous les Soldats qu'il perce.)
Le Comte de Bongars lui-même vient à lui,
Et lui porte un grand coup de lance;
Ferme sur ses arçons, Sire Aucaſſin s'élance,
Pare le coup, & d'un bras affermi,
Enleve & fait tomber son fatal ennemi,
Qui foible & languiſſant, & respirant à peine,
S'est rendu Priſonnier, & votre fils l'amene.

Le Comte DE GARINS.

Vicomte ; vîte, dépêchez,
Emmenez votre Nicolette,
Et que ses jours à jamais soient cachés
Au plus haut de la tour, dans la chambre secrette.

═══════════════════

SCENE VIII.

LE COMTE DE GARINS.

ARIETTE.

IL est vainqueur, & la victoire
Couronne son premier combat,
Et mes vieux ans vont, de sa gloire,
Recevoir un nouvel éclat.

Il n'est qu'une ame paternelle
Qui conçoive tout mon bonheur ;
Car ce triomphe me révele,
Ce que va lui dicter l'honneur.

Quand au tombeau j'irai descendre ;
Content, je fermerai les yeux,
Je laisse survivre à ma cendre
Un fils digne de mes ayeux.

Il est vainqueur, &c.

SCENE IX.

S C E N E IX.

GARINS, Comte de BEAUCAIRE;
AUCASSIN, BONGARS, Comte
de VALENCE, LE VICOMTE.

(La fuite du Vainqueur & du Vaincu ; des Sol-
dats portent les armes du Comte de Valence).

A U C A S S I N.

AH! mon pere je vous revois ;
Voici votre ennemi,

Le Comte de GARINS.

Le Comte ?

A U C A S S I N.

Qu'il approche;

Le Comte de GARINS.

Quoi barbare !

A U C A S S I N.

Non, non, laiffons - là tout reproche;
Vainqueurs, ufons mieux de nos droits,
Songez plutôt, mon pere, à tenir la parole
Dont envers votre fils vous vous êtes lié.

Le Comte de GARINS.

Que dites - vous ?

B

AUCASSIN.

Quoi donc ! l'auriez-vous oublié ?
Mon pere, ou cherchez-vous un prétexte frivole.
Quoi ne m'avez-vous pas promis,
A l'inftant que j'ai pris les armes
Pour faire ceffer nos alarmes,
Que fi le ciel ramenoit votre fils
Vainqueur, il verroit fon amie,
Sa Nicolette tant chérie ?
Que je pourrois, & dans ce même lieu
La voir, & l'embraffer en lui difant adieu.

Le Comte DE GARINS.

Non, mon fils, non, ce feroit un fupplice
Pour votre pere, & fi dans ce moment,
Elle étoit-là, peut-être, vous préfent,
J'ordonnerois qu'une prompte juftice...

AUCASSIN.

Quoi vous me refufez !

Le Comte DE GARINS.

Oui fans doute.

AUCASSIN.

Il fuffit ;
Ainfi donc oubliant tout ce qui vous engage...
Comte, n'êtes-vous pas un de mes prifonniers ?

Le Comte DE BONGARS.

Oui certes.

AUCASSIN.

Donnez-moi votre main.

Le Comte DE BONGARS.

Volontiers.

AUCASSIN.

De votre foi cette main est le gage,
Et j'exige de vous que vous accomplirez
Ce que je vous dirai de faire,
Jurez-le moi, jurez, jurez.

Le Comte DE BONGARS.

Oui, s'il n'est rien à mon honneur contraire.

AUCASSIN.

Non, jurez que toutes les fois
Qu'il vous prendra la fantaisie
De chagriner nos jours, de troubler notre vie
En ravageant nos champs, en détruisant nos bois
Vous le ferez.

Le Comte DE GARINS. (à part.)

Oh ciel!

Le Comte DE BONGARS.

Beau Sire, je vous prie,
De ne point employer cette amere ironie;
Je suis même surpris qu'elle s'adresse à moi.

AUCASSIN.

Non, je le veux ainsi.

Le Comte DE BONGARS.

Vous pouvez me prescrire
Une rançon, quelle que soit la loi
Que vous ferez, je suis prêt d'y souscrire.

B ij

AUCASSIN.

Non, non, je ne veux rien de vous ;
Point de rançon, mais je demande
Que vous repreniez contre nous
Les armes, qu'à l'inftant, j'ordonne qu'on vous
rende.

Le Comte DE GARINS.

Cruel !

Le Comte DE BONGARS.

J'affurerai tout ce qu'il vous plaira ,
(Je voyois cependant la guerre terminée) ;
Mais quand je le pourrai , mon bras s'y foumettra,
Ma parole vous eft donnée.

AUCASSIN.

Je la reçois , allez, rendez - lui fon courfier ,
Et fa lance & fon bouclier ;
Qu'il s'en aille , il eft libre, il peut faire la guerre
Au gré de mes defirs , & feconder mes vœux :
Il eft à moi votre adverfaire ,
J'en peux faire ce que je veux.

(On rend au Comte de Bongars fa lance ,
fon bouclier , & il fort).

SCENE X.

LE COMTE DE GARINS, AUCASSIN, LE VICOMTE, LES OFFICIERS & *les Soldats* de BEAUCAIRE.

LE VICOMTE.	LE COMTE DE GARINS.	AUCASSIN.	OFFICIERS;
	Perfide, c'est contre ton pere, Que tu viens d'armer fa foi.		
		Le perfide, ce n'eft pas moi, C'eftl'hommequi n'eft pas fincere, C'eft celui qui manque à fa foi.	
	Hola ! Gardes à moi.		
Ah! Monfeigneur, qu'allez - vous faire?	Allez, qu'on le mene en prifon, Qu'on l'enferme dans le donjon.	De garde il n'eft pas néceffaire. Je fais obéir à mon pere, Même quand il n'a pas raifon.	
Seigneur, écoutez la raifon.	Et ta petite avanturiere, De ceci me fera raifon: Et ta petite avanturiere, De ta faute aura le guerdon. *	Nicolette, ah! craignez mon pere, De l'offenfer, pardon, pardon. Pour Nicolette, hélas ! pardon : Offenfer celle qui m'eft chere, C'eft me priver de ma raifon.	
Pardon.			Pardon;
Pardon.			Pardon.
	* *Récompenfe.*		

LE VICOMTE.	LE COMTE.	AUCASSIN.	OFFICIERS.
	C'est dans le fond d'une prison	C'est me priver de ma raison.	
Pourquoi l'en-voyer en prison?	Qu'un fol amour entend raison.		Pourquoi l'en-voyer en prison?

Fin du premier Acte.

ACTE II.

Le Théatre repréfente l'intérieur d'une Cour de For-
tereffe, entourée de Tours, de Foffés, de Grilles,
Pont-Levis, enfin d'un Château très - fort. Deux
Soldats font fentinelle, & marchent en fe croifant.

SCENE PREMIERE.

Les deux SOLDATS, AUCASSIN, *qu'on ne*
voit pas.

AUCASSIN.

AH Ciel! Ah Ciel! où peut - elle être ?

LE SOLDAT, *qui croife en venant du fond*
de la Scène.

MARCOU.

Qu'entends - je, un prifonnier nouveau ?

BREDAU, *autre Soldat.*

Il eft là.

MARCOU.

Qui ?

BREDAU.

Lui.

B iv

MARCOU.

Qui lui ?

BREDAU.

Le Damoiseau ;
Sire Aucassin, cette fenêtre
Donne de l'air à sa prison.

MARCOU.

En prison, lui ?

BREDAU.

Sans doute.

MARCOU.

Et pour quelle raison ?

BREDAU, *après que Marcou l'a quitté.*

Il est surpris, mon camarade,
Ainsi que lui, qui ne le feroit pas ?
Si le jeune homme encor eût fait quelqu'incartade,
Mais, au sortir du plus beau des combats !

MARCOU.

Hé ! mais sais-tu pourquoi son pere ainsi le traite ;
Et montre une telle rigueur ?

BREDAU.

C'est pour une affaire de cœur,
Parce qu'il aime une jeune fillette
Que l'on appelle Nicolette.

MARCOU.

Nicolette !

BREDAU.

Ah ! tu fais , tu connois fes amours.

MARCOU.

Qui l'a vue une fois s'en reffouvient toujours ,
    Je garde le pied de ces tours
    Où l'on dit qu'elle eft enfermée.

BREDAU.

Où.

MARCOU.

Là.

    AUCASSIN, *qu'on ne voit pas.*

Quoi ! fans efpoir de voir ma bien aimée!

MARCOU, *feul.*

Ils ne croyent pas être auffi près qu'ils le font;
    Ce traitement - là me confond ;
    Voyez la belle récompenfe !
Le beau remerciement que fon pere lui fait :
    Eft - ce donc un crime , un forfait,
Que d'aimer?... A vingt ans , plein d'ardeur , de
    courage.
    Amoureux? eh ! mais à quel âge
    Aimera - t - il ? pour moi j'enrage.

DUO.

MARCOU.

Comment , après ce combat.

BREDAU.

Après ce combat
Qui fauve Beaucaire & l'Etat,

MARCOU.

Qui fauve Beaucaire & l'Etat.

BREDAU.

Après cette victoire.

MARCOU.

Après cette belle victoire.

BREDAU.

Quand il donne la paix, quand il couvre de gloire.

MARCOU.

Quand il donne la paix, quand il couvre de gloire.

BREDAU.

Son pere & fon pays.

MARCOU.

Son pere & fon pays, car tous fes ennemis
Ont laiffé là leur chef, ils fe font tous enfuis.

BREDAU.

Tous.

MARCOU.

Tous. Ah ! pas un feul n'eft refté ?

AUCASSIN.

Quoi ; Jamais

MARCOU.

Ecoute, ici tu peux l'entendre,

AUCASSIN.

Quoi ! jamais je ne te verrois !

MARCOU.

Il me fait peine avec tous fes regrets.

BREDAU.

Et moi de même , & je ne fuis pas tendre.

MARCOU.

Mais que vois-je là bas ?

BREDAU.

Dis bien plutôt là haut.

MARCOU.

Ah ! c'est quelqu'un qui va faire le saut.

BREDAU.

C'est une femme.

MARCOU.

Je parie
Que c'est elle à l'instant qui fait cette folie,
Que Nicolette cherche à pouvoir s'échaper.

BREDAU.

Elle descend.

MARCOU.

J'y cours.

BREDAU.

Non, non, laisse-là faire,
Tu l'arrêteras mieux, oui, beaucoup mieux à terre,
Et tu pourras toujours bien l'attraper.

MARCOU.

Oui, mais si les gardes

BREDAU.

Qu'est-ce que tu hazardes,
Tu pourras toujours l'attraper.

AUCASSIN. (à part.)

Elle ne sait pas ma détresse,
Et doutera de ma tendresse !

MARCOU et BREDAU.

Ah ! grand Dieu, quelle hardiesse !
Elle mérite bien le cœur de son amant.
Ils sont faits l'un pour l'autre, & j'en ferois serment.

SCENE II.

Les deux GARDES *cachés, mais vus des Spectateurs,*
AUCASSIN, *qu'on ne voit pas*, NICOLETTE.

NICOLETTE.

AH! grand Dieu, je vous remercie,
C'eſt à vous, ô Ciel! que je dois
D'échaper au danger qui menaçoit ma vie;
Mais, où fuir? où courir? Hélas! c'eſt fait de moi,
De quel côté!

AUCASSIN.

Nicolette.

NICOLETTE.

Qu'entend - je?

Aucaſſin.

AUCASSIN.

Nicolette, eſt - ce toi?

NICOLETTE.

Oui, c'eſt moi;
O Ciel! Par quel bonheur étrange
Me trouvai-je ſi près de toi?

AUCASSIN.

Hé! comment ſe peut-il? comment eſt-il croyable?
Qu'au milieu de mon déſeſpoir . . . .
Mais, attends, j'entrevois un moyen ſecourable,
Qui va me procurer le bonheur de te voir,

NICOLETTE.

Mon ami,

AUCASSIN.

Chere amie, hé ! comment se peut-il
A cette heure, en ces lieux, que tu sois parvenue ?

NICOLETTE.

Je viens de courir un péril
Dont je suis encor toute émue ;
On m'avoit enfermée en l'une de ces tours ;
Ton pere, m'a-t-on dit, devoit m'ôter la vie,
Pour conserver mes tristes jours,
De mes draps attachés ensemble,
J'ai fait un lien assez fort,
Afin de me sauver & d'éviter la mort,
Et pour comble de bien le hasard nous rassemble,
Je t'entends, je te vois !

AUCASSIN.

Où vas-tu ?

NICOLETTE.

Je ne sais ;
De tous côtés mes pas sont menacés,
Et si je ne peux fuir, peut-être dans une heure,
A ton pere amenée, il voudra que je meure.

AUCASSIN.

Barbare ! ah ! je mourrois aussi.

NICOLETTE.

Mon Aucassin, mon doux ami,
Ote-moi de ton cœur, obéis à ton pere ;
Sois heureux.

AUCASSIN.

Si l'ardeur de nos tendres amours ,
Etoit de même force en ton ame plus fiere ,
Pourrois - tu me tenir un semblable discours ?

NICOLETTE.

C'est que pour ton bonheur le mien se sacrifie ;
Quelle que soit ta tendresse pour moi,
Mon Aucassin , je la défie
De pouvoir égaler celle que j'ai pour toi.

AUCASSIN.

Non ma Nicolette je t'aime,
Mille fois plus que tu ne peux m'aimer ,
Pour toi mon amour est extrême ,
Ainsi que pour l'honneur mon cœur sait s'enflam-
mer.

MARCOU.

L'un pour l'autre quelle tendresse !

BREDAU.

Comme ils s'aiment ces chers enfans !

NICOLETTE.

Paix , j'entends quelque bruit.

AUCASSIN.

Je n'entends rien.

NICOLETTE,

Il cesse.

AUCASSIN.

Tache de me donner ta main,

NICOLETTE.

Attend, attend,
Je vais pour m'élever rapprocher quelque chose,
Une pierre, ah c'est bon.

(Ici elle roule une pierre qu'elle trouve à ses pieds).

BREDAU.

Si la Garde se pose ;
On va la surprendre, en chantant,
Je m'en vais l'avertir,

AUCASSIN.

Ma Nicolette.

NICOLETTE.

Attend,
Paix.

BREDAU, *chante.*

» Pucelle, avec un cœur franc,
» Au corps gentil, au corps plaisant,
» On voit bien à ton semblant,
» Que tu parles à ton amant ;
» Gardes-toi de ces Soldats méchans,
» Qui sous leur câpe vont cachans
» Leurs glaives nuds & tranchans.

» Gardes-toi ; &c.

NICOLETTE.

Ah ! que le Ciel te récompense
De ce salutaire avis.
Adieu, cher Aucassin, on vient, quelqu'un s'avance.

AUCASSIN.

Quoi ! tu t'en vas ? Reste.

NICOLETTE.

Non, je ne puis.

AUCASSIN.

Sois certaine de ma constance.

NICOLETTE.

Sois sur de ma persévérance.

AUCASSIN.

Je mourrai si je ne te suis.

SCENE III.

SCENE III.

LES DEUX SOLDATS ET LA GARDE.

MARCOU.

ELLE doit être loin, appelle.

BREDAU.

Alerte, alerte.

L'OFFICIER DE GARDE.

Qu'est-ce que c'est? qu'est-ce que c'est?

BREDAU.

Alerte;

Courez vîte à la découverte;
Quelqu'un est descendu, s'est sauvé de la tour,
Et s'est enfui.

L'OFFICIER.

Par où ?

BREDAU, (*montre un chemin opposé à celui qu'a*
pris Nicolette.

Par-là, par ce détour:
S'ils ne vont que par-là, leur recherche est bien
vaine.

MARCOU.

Mon camarade pourroit bien
Aller en prison pour sa peine;
Moi, je ne me reproche rien,
Je suis resté toujours où mon poste m'enchaîne;
Et son devoir n'est pas le mien.

C

B R E D A U.

Garde-moi le secret ; ma conduite équivoque
M'expose, camarade, il pouroit m'arriver
      Quelque chose; mais je m'en moque,
Pourvu que nos soldats ne puissent la trouver.

L'OFFICIER DE GARDE (*qui revient.*)

Ici, voyons encor, approche ta lumiere.

SCENE I·V.

LES MÊMES, LE VICOMTE.

LE VICOMTE.

COMMENT donc, vous n'avez pas pu
    Attraper cette prisonniere ?

L'OFFICIER.

    L'un des soldats est descendu
Jusques dans le fossé qui touche la barriere,
Ils se sont dispersés ; aucun d'eux n'a rien vu.

LE VICOMTE.

    Oh ciel ! que va dire le Comte ?
Une fille se sauve ; ah pour vous quelle honte !
    Aussi qui diable iroit s'imaginer
Que du haut de la tour elle pourroit descendre ?
Pauvre enfant ! pauvre enfant ! dans un âge si tendre
Avoir un tel courage, on doit s'en étonner.

L'OFFICIER.

Ah le voici ! fans doute il vient d'apprendre
Cet accident.

SCENE V.

LES MÊMES ET LE COMTE DE GARINS.

LE COMTE.

Non, non, je ne veux rien entendre,
Où font-ils ? où font-ils ? fais-moi venir celui
Qui devoit être en fentinelle,
Qu'on l'amene à l'inftant.

L'OFFICIER.

Monfeigneur, le voici.

BREDAU.

J'ai fait mon devoir, & j'appelle
Tout auffi-tôt que je dois avertir ;
L'ordre m'étoit donné d'aller & de venir
Depuis la Tour jufqu'à mon camarade ;
Je l'ai fait, & j'allois ainfi,
De-là, Monfeigneur, jufqu'ici,
Avec attention ainfi qu'à la parade ;
Tout d'un coup en me retournant
Je vois un grand fantôme blanc
Qui, les yeux tout en feu, tombe & s'en va volant,
Car je fuis fûr qu'il a des aîles,

C ij

Mon camarade peut en dire des nouvelles,
Car il l'a vu de même.

MARCOU.

Oui, Seigneur, en volant.

LE VICOMTE.

Ah ! béniffez le ciel qui veut fouftraire
Les jours infortunés d'un malheureux enfant,
Aux tranfports de votre colere,
Dont la promptitude févere
Eût pu tremper vos mains dans le fang innocent.

Le Comte DE GARINS.

Qu'ofez vous me dire ? comment,
Une fille de rien qui s'empare de l'ame
De mon fils Aucaffin, jufqu'à le rendre infâme ;
Vous regardez cela d'un œil compatiffant.
Et felon vous c'eft du fang innocent ;
Point de pardon.

LE VICOMTE.

Hélas ! la pauvre Nicolette
Ne peut avoir pour fa retraite
Que la forêt qui borde le chemin,
Et les animaux ou la faim
Bientôt termineront fa vie.

Le Comte DE GARINS.

Cela me fâche, elle eft vraiment jolie,
Auffi pourquoi fe faire aimer ?

LE VICOMTE.

Seigneur,
A préfent qu'elle eft loin, vous êtes plus tranquille,

Vous ne redoutez plus la conduite indocile
D'un fils dont peu de jours vont éteindre l'ardeur;
Ne conviendroit-il pas de mettre quelque terme
A sa difgrace, enfin de le tirer
De la prifon qui le renferme ?

Le Comte DE GARINS.

Oui, c'étoit mon deffein, alléz fans différer.

SCENE VI.

LE COMTE DE GARINS, UN OFFICIER.

Les Soldats Factionnaires ont changé de pofte, & fe croifent dans le fond.

L'OFFICIER.

SEIGNEUR, le Comte de Valence.

Le Comte DE GARINS.

Bongars ?

L'OFFICIER.

Oui, fe préfente, il demande à vous voir.

Le Comte DE GARINS.

Moi.

L'OFFICIER.

Prefque fans efcorte, en toute confiance,
Sur votre honneur il fonde fon efpoir,
Et ne veut point d'autre affurance ;

C iij

Le Comte DE GARINS.

J'aime cette franchiſe : allez le recevoir ,
Je vous ſuis ; quelle eſt donc l'affaire d'importance
Qui l'amene en ces lieux , & que peut-il vouloir ?
Allons.

SCENE VII.

Les deux Soldats , BREDAU *&* MARCOU.

MARCOU.

ILS ſont partis , ma foi , mon camarade ;
Il s'en eſt peu fallu.

BREDAU.

C'eſt bien vrai , car ſans toi ,
J'étois bien prêt de faire la gambade ;
Je ne m'en repens pas.

MARCOU.

Ni moi , Bredau.

BREDAU.

Ni moi.

MARCOU.

Voici , Sire Aucaſſin.

SCENE VIII.

AUCASSIN, LE VICOMTE, (*les deux Soldats dans le fond*).

AUCASSIN.

Oui, je vous le repete:
Oui, Vicomte, elle est là, je l'entends, je la vois.

LE VICOMTE.

Sire Aucassin, à votre âge autrefois,
A l'amour j'ai payé ma dette ;
J'eus la folie un jour de me laisser charmer.

AUCASSIN.

Quoi ! vous aimates ?

LE VICOMTE.

Oui, d'une flamme parfaite
Je périssois, une langueur secrette,
En tous les lieux venoit me consumer,
Mais j'ai tant fait que j'ai cessé d'aimer.

AUCASSIN.

Ah ! ce n'étoit pas Nicolette.
Que me conseillez-vous ? mon respectable ami,
Devenez de mon cœur le généreux appui,
Ma confiance en vous s'est toujours conservée ;
C'est vous qui l'avez élevée ;
Ses belles qualités, ses talens vous sont dûs,

C'eſt dans votre Château qu'elle s'eſt embellie
    Et de graces & de vertus,
    Ma Nicolette tant chérie.
Oui , vous êtes le ſeul que je veux conſulter.

Le Vicomte,

Je dirai donc , pour ne vous point flatter ,
Qu'à votre âge un penchant ne peut pas ſe détruire,
Si d'un autre penchant on n'oppoſe l'empire ;
On détourne un torrent qu'on ne peut arrêter ,
On fatigue un courſier difficile à dompter ,
Il faut avec vous-même ainſi vous comporter:
Allez , venez, courez , graviſſez les montagnes,
Parcourez les vallons , les forêts , les campagnes :
Les cerfs , les ſangliers ravagent les moiſſons ,
Quelques loups affamés déſolent ces cantons ,
    Détruiſez-les , voilà le digne ouvrage
Qui vous convient , & comme une chanſon
Dit fort bien , quoique vieille , elle eſt une leçon
Bien faite pour l'état où l'amour vous engage ;
Car ces vieilles chanſons qui paſſent d'âge en âge ,
    Ont un bon ſens qui les fait reſpecter ,
On n'en fait plus de bonne,..Écoutez,c'eſt dommage
Que je manque de voix lorſque je yeux chanter.

Chanson.

    Qui d'amour eſt dans le ſervage,
    Et veut briſer ſon eſclavage
    Sans gémir & ſans ſe douloir ,
    Pour ſe guérir n'a qu'à vouloir.
    Qu'il courre, qu'il joûte , fatigue & travaille ;

A mille exploits ,
Qu'il aille ,
Et feraille ,
D'eſtoc & de taille ;
Dans les tournois ,
Et l'amour'à cette bataille ;
Oubliera bientôt ſon carquois ;
Quoi ! quoi !
Quoi ! l'amour y perdroit le pouvoir & l'avoir
Voire.

Qui d'amour, &c.

AUCASSIN.

Vous avez raiſon , allez voir ,
Ce que fait à préſent & ce que dit mon pere.

SCENE IX.

AUCASSIN (ſeul.)

Non je ne puis vivre
Et je vais la ſuivre ,
Ah ! je ſens mon cœur
Navré de douleur :
Loin de ma chere amie ,
Ce n'eſt rien que la vie :
Oui rien , je ſens dans mon cœur
Que je ne puis vivre ,
Et qu'il faut la ſuivre.
Oui je ſens mon cœur
Navré de douleur.

SCENE X.

AUCASSIN, un PATRE.

LE PATRE.

ENCOR si je savois à qui
Je pourrois m'adresser, voyons ce qui se passe,
Monseigneur Aucassin?

AUCASSIN.

C'est moi-même.

LE PATRE.

Vous?

AUCASSIN.

Oui.

LE PATRE.

En êtes-vous bien sûr?

AUCASSIN.

Insolent!

LE PATRE.

Ah de grace,
Pardon, c'est vous, Seigneur, & je n'en puis douter.

AUCASSIN.

Que me veux-tu?

LE PATRE.

Je viens vous raconter
Quelque chose qui doit n'être dit qu'à vous-même.

AUCASSIN.

Dis promptement.

LE PATRE.

Je tremble & ma crainte eft extrême.

AUCASSIN.

Raffure - toi.

LE PATRE.

Je fuis un de ces paftoureaux
Qui le long des taillis ont le foin des troupeaux.
Au jour naiffant, avant que d'entrer dans la plaine,
Nous dévifions au bord de la fontaine
Dont le ruiffeau coule à travers le bois ,
Lorfque nous vîmes tous , ainfi que je vous vois,
Monfeigneur, une Dame, ah! bon Dieu qu'elle eft
belle!
Il femble que fes yeux éclairent la forêt ,
Tant en vous regardant fa prunelle étincelle ;
Nous difions tous, qu'eft - ce que c'eft?
Et voilà qu'elle approche, envers nous, & puis elle,
Elle nous dit d'un air tant doux :
Mes enfans , que quelqu'un de vous
Aille vîte à Beaucaire, & dife au fils du Comte
Au damoifeau Sire Aucaffin.

AUCASSIN.

A moi?

LE PATRE.

Oui, Monfeigneur, & ce n'eft point un conte,
Elle l'a dit ainfi, voyez Sire Aucaffin,

Dites - lui qu'en ces bois eft une biche blanche
Dont l'afpect feulement peut guérir fon chagrin ;
Quoiqu'en difant ces mots, elle nous parut franche,
Nous doutions , Monfeigneur ; elle ajoute à la fin :
    Que pour poff* der cette biche ,
    Qui peut foulager tous les maux ,
Aucaffin donneroit ce qu'il a de plus riche,
    Mille tréfors , ce font fes mots.
Moi qui fais, Monfeigneur, que tous les animaux
    De votre forèt toute entiere ,
    Ne valent pas un feul de vos châteaux ,
Je lui dis bravement : Dame, je ne puis taire
    Que ce n'eft pas moi qui vous crois.
    Alors cette Reine des bois
    D'or fin me donne cette piece,
    Et je l'ai crue , & puis j'ai dit :
O Reine ! je vous crois, & cela me fuffit ;
    Mais , Monfeigneur , fans contredit ,
    Blâmera notre hardieffe ,
Et de mentir , peut-être il nous accufera.
    Elle reprit : Pour éviter cela ,
De mes cheveux portez-lui cette treffe ,
    Et foyez sûr qu'il vous croira.
Elle a fu la couper avec beaucoup d'adreffe ;
    Puis me la donne , & la voilà.

AUCASSIN.

Oui , c'eft elle fans doute ; ami , tien, je te donne

Cette bourſe... ah! préſent pour moi tant précieux!
Mon cœur....

LE PATRE, à part.

Si ſeulement un peu de ces cheveux
Vaut cet argent & le rend ſi joyeux,
Combien vaut toute la perſonne ;
Ah! c'étoit une Fée.

AUCASSIN.

Ami, tu te ſouviens
Des lieux où tu reçus le tréſor que je tiens,
Mene-moi, vîte, allons, mais non, va, cours
m'attendre
Au bas de ce perron, dans peu j'irai te prendre,
Si d'être en liberté, je trouve les moyens.
Grands Dieux que de dangers ! & ſon ſexe & ſon
âge,
Tout l'expoſe, courons....

SCENE XI.

LE VICOMTE, AUCASSIN.

LE VICOMTE.

SEIGNEUR, ne fortez pas,
Bongars dans le château vient de porter fes pas,
Loyalement, fans exiger d'ôtage,
A Monfeigneur ; fans doute il vient pour propofer
Des articles de paix, car votre grand courage
A dû bien fortement lui donner à penfer,
Sur ce que lui promet un tel apprentiffage.

AUCASSIN.

Aux portes du Château le pont eft-il baiffé ?

LE VICOMTE.

Il l'eft.

AUCASSIN.

Je pars, adieu.

LE VICOMTE.

Mais avez-vous penfé ?...

AUCASSIN.

A mon pere, à lui feul, tenez, vous ferez lire
Ce que vous me voyez écrire
Sur le bord de ce bouclier.

LE VICOMTE.

Ah ! revenez bien vîte, & craignez d'oublier...

(*Le Vicomte court après Aucaffin, fans fortir
du Théatre, & revient fur la fcène.*)

SCENE XII.

LE VICOMTE, DEUX OFFICIERS DU COMTE DE GARINS.

LE VICOMTE.

ARIETTE.

MAIS voyez donc où cet amour l'entraîne?
Contre ses feux, la réprimande est vaine,
Il n'entend rien,
Je le vois bien,
Il n'entend rien,
Il ne sent rien
Que le poids de sa chaîne,
Que l'amour qui l'entraîne.

LES OFFICIERS.

Ah, quel bonheur !
Quelle grande nouvelle
Vient ramener une paix fraternelle!
Destins charmans !
Pour ces amans,
Quels changemens!
De leur tendre jeunesse
Vont couronner l'ivresse!

SCENE XIII.

LES DEUX OFFICIERS, LE VICOMTE, *les deux Soldats font toujours leurs factions dans le fond de la Scène, & se joignent au morceau de Musique.*

LES DEUX OFFICIERS, *au Vicomte.*

AH, Seigneur ;
Quel bonheur !
Félicité parfaite !

LE VICOMTE.

Eh quoi donc !

LES OFFICIERS.

Nicolette !

LE VICOMTE.

De Nicolette que dit-on ?
L'auroit-on retrouvée ?

LES OFFICIERS.

Plût au ciel qu'on l'eût retrouvée.

LE VICOMTE.

Plaise au ciel qu'elle soit sauvée.

LES

LES OFFICIERS.

Tant pis.

LE VICOMTE.

Tant mieux qu'elle soit sauvée.

LES OFFICIERS.

Qu'elle soit retrouvée.
Hé mais, hé mais, répondez donc.

LE VICOMTE.

De Nicolette que dit-on ?

LES OFFICIERS.

Elle est la fille de Valence.

LE VICOMTE.

De Bougars ?

LES OFFICIERS.

De Valence !
Ah quel bonheur,
A présent Aucassin peut lui donner son cœur.

LE VICOMTE.

Qui peut en donner connoissance ?
Et qui peut l'assurer ?

LES OFFICIERS.

C'est Valence lui-même,
Il est venu le déclarer.

LE VICOMTE.

Lui-même, lui, lui-même !

D

Il l'a juré sur son honneur,
Et de l'enlévement on amene l'Auteur.

Tous , & les deux Soldats , (à part.)

Sur son honneur,
Ah quel bonheur,
Ah quel bonheur extrême!
A présent Aucassin peut lui donner son cœur.

Marcou *à Bredau.*

Ah , voici Monseigneur ; à ton poste.

B r e d a u.

J'y suis.
Mais avec eux je ne vois pas son fils.

SCENE XIV.

Le Comte de GARINS, le VICOMTE, les deux OFFICIERS, *les deux Soldats factionnaires,*

Le Comte de GARINS , *au Vicomte.*

Ignorez-vous que Nicolette.

Le Vicomte.

Je sais, Seigneur.

Le Comte de Garins.

La pauvre enfant!
Comment de leur amour parfaite,
Ai-je pu faire le tourment?

Le Comte de Bongars.

Ah, comment de ma Nicolette
Avez-vous donc fait le tourment ?

Le Comte de Garins, *au Vicomte.*

Où peut-être mon fils ?

(*Tous.*)

Où peut être son fils ?
Pour lui ce bonheur est sans prix.

Le Vicomte.

En partant, malgré ma priere,
Il a tracé des mots adressés à son pere.

Le Comte de Garins.

Et cet écrit, pourquoi ne le montrez-vous pas ?
Sans doute il va m'apprendre où se portent ses pas.

(*Il lit.*)

Adieu mon pere & pour toujours.

Le Chœur.

Ciel !

Le Comte de Garins.

Ce font les folles amours
Qu'il avoit pour votre fille,
Qui le perdent pour toujours.

Le Comte de Bongars.

Ce font les folles amours
Qu'Aucaffin a pour ma fille,
Qui la perdent pour toujours.

Le Comte de Garins.

Pourquoi me faire la guerre ?
Et venir en téméraire,

Jufqu'aux portes de Beaucaire
Répandre des flots de fang ?

Le Comte DE BONGARS.

Pourquoi m'enlever ma fille ?
Et du fein de fa famille ,
Enlever un noble enfant ,
Une fille de mon fang ?

Le Comte DE GARINS.

Hé pourquoi me cacher que vous étiez fon pere ?

Le Comte DE BONGARS.

Je craignois d'expofer une tête fi chere.

Le Comte DE GARINS.

Vous me croyez donc inhumain ?

Le Comte DE BONGARS.

Ah , je tremblois pour fon deftin.

LE VICOMTE ET LE CHŒUR.

Hé, Seigneur , avec prudence,
Employez votre puiffance,
A chercher vos deux enfans.

LES DEUX COMTES.

Employons notre puiffance
A chercher nos deux enfans,
Faifons marcher tous nos gens.

(*Tous s'y joignent.*)

Employez votre puiffance.
Employons, &c.

Fin du fecond Acte.

ACTE III.

Le Théatre représente l'intérieur d'une Forêt.

SCENE PREMIERE.

NICOLETTE, *fait une Couronne avec des fleurs champêtres.*

ARIETTE.

CHER objet de ma pensée !
Espérance de mon cœur !
Aucassin, m'as-tu laissée
En proie au plus grand malheur ?

Seule, & dans ce lieu sauvage,
Ciel ! que vais-je devenir ? . . . .
Mais il est dans l'esclavage,
Il ne peut me secourir.
Courons me livrer à son pere ;
Hé ! qu'ai-je à redouter ? . . . Hélas !
Ses malheurs & ma misere
Finiroient par mon trépas.

Cher objet, &c.

Mais j'entends quelque bruit, c'est quelqu'un, il
approche,
Cachons - nous, & voyons du haut de cette roche
Qui pourroit - ce être. . . . Ah ! Ciel. . . .

(*En s'en allant, elle laisse tomber la Couronne
de fleurs qu'elle avoit commencée*).

D iij

SCENE II.

LE PATRE, *porte la lance & le bouclier du Chevalier.*

QUE la journée eſt rude !
M'a - t - il donc fait aſſez courir,
Nos chevaux ſont tombés de pure laſſitude,
Encor une heure, & c'eſt pour en mourir ;
Mettons·nous là, voyons donc cette bourſe,
Tout ce qu'elle renferme.....& comptons notre
argent,
Je n'ai pu même y voir, tant il fut diligent
A venir me chercher pour ſa maudite courſe.

ARIETTE.

Que de pieces d'or !
C'eſt comme un tréſor ;
La belle monnoie !
O Ciel ! que de joie
Pour me contenter,
Que vais-je acheter ?

Pour le labourage,
D'abord quatre bœufs,
Et puis en ménage
Nous nous mettrons deux.

Prendrai-je Nannette ?
Nicole ou Fanchette ?

Ou la fille à Jean ?
Avec mon argent ,
J'aurai la plus belle.

(*Il écoute.*)

Je crois qu'il appelle,
Hé bien ! qu'il appelle !
Revoyons mon or ,
Que de pieces d'or !
C'eſt comme un tréſor ;
La belle monnoie !
O Ciel ! que de joie !
Pour me contenter ,
Que vais-je acheter ?

SCENE III.

AUCASSIN, LE PATRE.

AUCASSIN.

Quoi donc ! tu reſtes là ſans nulle inquiétude?
Point de repos , avant d'avoir trouvé
Celle qui t'a parlé dans cette ſolitude ;
Connois-tu bien le lieu ? l'as-tu bien obſervé?

LE PATRE.

Oui, c'eſt ici que je l'ai vue ,
Je reconnois l'endroit à la branche fourchue
De ce chêne qui pend ſur le bord du Ravin.

D iv

AUCASSIN.

Que vois-je, une couronne ? Elle eft ici venue ;
Nicolette ? Colette !

(*On entend une voix*).

NICOLETTE.

Aucaffin, Aucaffin.

SCENE IV.

LE PATRE.

C'EST elle que le Ciel envoie,
Ah ! mon bon Dieu, que j'ai de joie!
Oui, prefqu'autant que m'en fait mon argent ;
Comme près d'elle il eft content !
Comme ils font gais, comme il eft aife,
Il fe met à genoux, elle gronde & s'appaife,
Elle lui conte fon chagrin ;
Qu'a-t-elle donc? Je crois qu'elle répand des larmes,
Et lui d'un air qui paroît furieux
A porté la main fur fes armes,
Elle pleure, non, non, c'eft d'aife, ils font joyeux,
Ils viennent par ici.

SCENE V.

AUCASSIN, NICOLETTE.

AUCASSIN.

MA chere Nicolette.

NICOLETTE.

Mon doux ami, quel bonheur de vous voir ;
C'est la félicité parfaite ;
Ah ! j'avois perdu tout espoir !

AUCASSIN.

Quoi ? je vous vois ! ma douce & belle amie.

NICOLETTE.

Et qui n'a plus de regret à la vie,
Puisqu'elle a vu l'objet de ses amours,
Et qu'elle peut lui dire adieu, mais pour toujours.

AUCASSIN.

Pour toujours, dites-vous ? non, non ; c'est pour
toujours
Que Nicolette à mon sort est unie ;
Elle tient dans ses mains mon destin & ma vie,
Ensemble nous la passerons.

NICOLETTE.

Non, Aucassin, non; nous nous quitterons,
Avant d'abandonner cette chere patrie ;
J'ai désiré vous voir, mais pour vous dire adieu.

AUCASSIN.

Adieu ! non qu'à la mort.

NICOLETTE.

Dès demain votre pere
Va faire visiter ce lieu.
Vous savez si je dois redouter sa colere.

AUCASSIN.

Eh bien, quittons ces bois, abandonnons Beaucaire.

NICOLETTE.

Où pourrions - nous aller ?

AUCASSIN.

Qu'importe où nous irons ,
Puisqu'ensemble nous allons.

NICOLETTE.

Non, non, cher Aucassin, je ne dois pas vous suivre,
Moi! seule près de vous, être avec vous, y vivre,
La mort est préférable à cette indignité.

AUCASSIN.

Craignez - vous de mon cœur l'austere pureté ?

NICOLETTE.

Non , mais je dois me craindre.

AUCASSIN.

En une autre contrée
En face des Autels ma foi sera jurée
Ainsi que je la jure à l'instant.

NICOLETTE.

Aucassin ,
Je ne verrai jamais accomplir ce dessein.

AUCASSIN.

Jamais, c'eſt donc ainſi qu'une égale conſtance
Devoit de nos deux cœurs aſſurer le deſtin ,
Tu refuſes ma main ?

NICOLETTE.

Je refuſe ta honte.

AUCASSIN.

L'amour eſt trop puiſſant.

NICOLETTE.

La vertu le ſurmonte.

AUCASSIN.

La vertu !... Si ton cœur ... ſi ton amour extrême...

NICOLETTE.

De l'amour ! ingrat ; vois donc combien je t'aime,
A ta gloire, Aucaſſin, j'immole mon bonheur ,
Qu'eſt-il pour Nicolette au prix de ton honneur !

DUO.

NICOLETTE.	AUCASSIN.
Contente ton pere,	Les cris de Beaucaire,
Laiſſe-moi mourir ,	Le ciel & mon pere ,
Calme ſa colere ,	Rien à mon amour ne peut
Cherche à le fléchir.	te ravir.
Dieux quel avenir	Moi du repentir !
Un vif repentir	Tu voudrois mourir,
Seroit la vengeance	Nous mourrons enſemble.
Prompte à te punir.	
	Que la mort raſſemble
Accepter ta foi,	Ton cœur & ma foi ;
Que plutôt je meure,	Oui reçois ma foi,
Qu'accepter ta foi	N'eſt-ce pas pour moi
Reſpire pour moi ,	Mourir à toute heure,
S'il faut que je meure	Que vivre ſans toi.
Je vivrai dans toi.	

SCENE VI.

Le PATRE

Sire, Sire Aucaſſin, la forêt toute entiere
Eſt entourée ;

NICOLETTE.
O Ciel !

Le PATRE.

Ce ſont des Gens de guerre ;
Ils viennent de partout, on ne peut les compter.
Entendez - vous ? s'il vous plaît d'écouter.

NICOLETTE.

Cher Aucaſſin, c'eſt moi qu'ils viennent prendre.

AUCASSIN.

Ne craignez rien, je ſaurai vous défendre,
Et s'il nous faut mourir enſemble nous mourons.
Tant qu'un reſte de ſang coulera dans mes veines,
Je braverai leurs fureurs inhumaines.

SCENE VII, & derniere.

AUCASSIN, NICOLETTE, LES GENS DE VALENCE, LES GENS DE BEAUCAIRE, LE COMTE DE BONGARS, LE COMTE DE GARINS, LE VICOMTE.

Aucaſſin donne à Nicolette ſon bouclier & ſa lance; il ſe met devant elle, l'épée à la main.

LES GENS DE VALENCE & DE BEAUCAIRE.

Rendez-vous, ſoumettez vous;
Rendez-vous à votre pere,
Contre lui qu'oſez-vous faire ?

AUCASSIN.

Approchez, approchez tous;
Je crains peu votre furie,
Et ce fer vous brave tous,
Otez, ôtez-moi la vie.

Les Gens de BEAUCAIRE & de VALENCE.

Eh ! mais, vous vous abuſez !

AUCASSIN.

Avancez, ſi vous l'oſez.

Les Gens de BEAUCAIRE & de VALENCE.

Eh! mais, vous vous abuſez !
C'eſt votre bien qu'on ſouhaite.

AUCASSIN.

Non, vous n'aurez pas Nicolette;
Avant je mourrai ſous vos coups.

NICOLETTE.

Ah ! grand Dieu , protégez-nous ,
Protégez-notre misere ;
Cher Aucassin, rendez-vous,
Contre eux tous qu'osez-vous faire ?

AUCASSIN.

Que vois-je ! ô ciel ! c'est mon pere.
Mon pere, n'avancez pas
Ou je me donne le trépas ,
Je me jette sur mon épée.

Le Comte DE GARINS.

Arrête, arrête malheureux,
Nous venons pour combler tes vœux.

AUCASSIN.

Ma confiance fut trompée
Hier par vous ; n'avancez pas,
Ou je me donne le trépas,
Je me jette sur cette épée.

Le Comte DE GARINS.

Eh bien, les croiras-tu tous deux ?

AUCASSIN.

Oui l'un d'eux doit être généreux,
Et l'autre fut toujours sincere ;
N'avancez pas , ne quittez pas mon pere
Que vous ne me juriez.

LE VICOMTE.   Le Comte DE BONGARS.

                         Oui, nous le jurons,
Oui nous vous le jurons. Contre lui nous vous défen-
                              drons.

Le Comte de Valence,

Cher Aucaffin, votre courage brille
Dans les combats, comme en amour ;
Quel efpoir pour votre famille ;
Apprenez le fecret que révele ce jour ;
C'eft que Nicolette eft ma fille.

Le Vicomte.   Aucassin.   Nicolette.

Sa fille.   Votre fille,   Moi fa fille.

Chœur général.

Nous le jurons, Nicolette eft fa fille.

Aucassin.

O toi que j'aime,

Nicolette.

O mon bien fuprême.

Aucassin.

Tu m'appartiens.

Nicolette.

Je fuis à toi.

Aucassin.

Reçois ma foi,
Nicolette, ma douce amie.

Nicolette.

Toi, l'efpoir de ma vie.

Chœur Général.

Commencez le cours
Des plus beaux jours,
Et que partout l'écho répete ;
Vivent, vivent les amours
D'Aucaffin et de Nicolette.

APPROBATION.

J'AI lu par ordre de Monsieur le Lieutenant-Général de Police, *Aucassin & Nicolette, ou les Mœurs du bon vieux Tems*, Comédie en trois Actes, & je n'y ai rien trouvé qui m'ait paru devoir en empêcher la représentation ni l'impression. A Paris ce 31 Décembre 1779.

Signé, S U A R D.

Vu l'approbation, permis de représenter & imprimer. A Paris le 31 Décembre 1779. LE NOIR.

DE L'IMPRIMERIE DE VALADE.

www.ingramcontent.com/pod-product-compliance
Lightning Source LLC
LaVergne TN
LVHW050303090426
835511LV00039B/1032